Hans-Ulrich Wepfer,
Damals bei uns im Thurgau

Hans-Ulrich Wepfer

Damals bei uns im Thurgau

Verlag Huber

Schutzumschlag: Ruedi Becker
Typographische Gestaltung: Bruno Furrer

© 1978 Verlag Huber Frauenfeld
Photolithos, Satz und Druck:
Graphische Unternehmung Huber & Co. AG, Frauenfeld
Einband: Burkhardt AG, Zürich
ISBN 3 7193 0622-4

Inhaltsübersicht

Vorwort, 7
Wie das Buch entstanden ist, 9
Wozu das Buch dienen soll, 11
Etwas über Photographie und Nostalgie, 11
Ein Dank, eine Bitte und ein paar Anregungen, 14

Photos:
Haus und Hof, 17
Groß und Klein, 31
Ortsbild und Landschaft, 47
Feuer und Wasser, 81
Umzüge und Anzüge, 93
Handwerk und Industrie, 109
Dampf und Benzin, 125

Verzeichnis der wichtigsten Photoarchive und Photographen, 147

Vorwort

Bücher mit Wiedergaben alter Photographien findet man seit Jahren auf dem Büchermarkt; sie befassen sich meist mit einer größeren Stadt, wo ein ausreichender Interessentenkreis vorhanden ist. Im Thurgau, dessen Hauptstadt ganze siebzehntausend Einwohner zählt, und wo die meisten größeren Orte nahe der Kantonsgrenze liegen und sich mehr oder weniger an außerkantonale Zentren «anlehnen», sind die Voraussetzungen für ein solches Unternehmen weniger gut. Wenn ich es trotzdem gewagt habe, eine solche Photosammlung herauszugeben, so sind dafür zwei Beweggründe zu nennen: einmal das Verständnis des Verlages Huber in Frauenfeld, für das ich seinem Leiter und seinen Mitarbeitern herzlich danke; zweitens ist es die besondere Art der Bildauswahl und -zusammenstellung (ich gehe weiter hinten darauf ein), die zur Hoffnung berechtigt, das Buch möge im ganzen Kanton und auch bei den zahlreichen «Heimwehthurgauern» im In- und Ausland Anklang finden.

Hans-Ulrich Wepfer

Wie das Buch entstanden ist

Die historische Darstellung nicht nur im Wort, sondern auch im Bild hat mich schon immer fasziniert. Seit ich im Bundesarchiv in Bern, einer ganz vagen Spur folgend, eine unbekannte Porträtphoto des Thurgauer Historikers Pupikofer entdeckte, hat mich das «Jagdfieber» gepackt, lebe ich einen gewissen detektivischen Trieb dadurch aus, daß ich bisher verborgene Schätze im Bereich des Bildes, auch des Gemäldes, der Zeichnung usw. zu heben versuche. Meine Tätigkeit für den Heimatschutz brachte die besondere Vorliebe für die Vedute, die Landschafts- und Siedlungsdarstellung, wie sie ja in der schweizerischen Kunst des neunzehnten Jahrhunderts besonders reich vertreten ist. An sie schließt sich die Landschaftsphotographie des zu Ende gehenden neunzehnten und des beginnenden zwanzigsten Jahrhunderts an, die in der Bodenseegegend einige gute Vertreter gefunden hat. Schließlich hat mich der Aufbau einer Photodokumentation zum Thema Fischerei im Bodensee- und Hochrheingebiet in viele Archive und Sammlungen geführt, wo unbekanntes Material vorhanden war.

Die weitaus reichste Quelle war für mich das Archiv der kantonalen Denkmalpflege in Frauenfeld, der einzige Ort im Thurgau, wo alte Photos systematisch gesammelt und eingeordnet werden. Im Zusammenhang mit diesem Buch suchte der Verlag Huber mittels Inseraten nach privaten Leihgebern von Photos, was nebst meinen eigenen Recherchen einen schönen Zuwachs brachte. Es ist mir jedoch bewußt, daß die Suche nach privaten Sammlungsbeständen in den Anfängen steckengeblieben und die Auswahl deshalb recht zufällig ist. Ich habe auch kein allzu großes Gewicht auf eine streng regionale Aufteilung der Abbildungen, etwa bezirksweise, gelegt.

Die thematische Auswahl der Bilder ist nach der Richtschnur erfolgt, daß sie von möglichst allgemeinem Interesse sein sollten. Es kann zum Beispiel nicht erwartet werden, daß ein Dießenhofer sich über Details des Stadtbildes von Arbon informieren will. Diese Überlegung schloß zum vorneherein ein reines «Ortsbildbuch» aus. Die etwas verschlüsselt bezeichneten Themengruppen umfassen denn auch fast alle Bereiche menschlichen Tuns und Seins, worüber Bildmaterial zu haben war. Eine zeitliche Grenze setzte ich ungefähr beim Jahr 1930. Postkarten habe ich nur ausnahmsweise aufgenommen.

Die Legenden sollen den Betrachter keineswegs davon abhalten, sich zu den Bildern einen «eigenen Vers» zu machen. Dies dürfte vor allem den Älteren nicht schwerfallen! Die Texte sollen helfen, das Bild in einen größeren Zusammenhang zu stellen und leichter zu interpretieren. Die Gewohnheit von uns heutigen Menschen, Bilder nur flüchtig anzusehen, sollten wir gerade bei alten Photos ablegen. Mit dem vagen Definieren des Bildgegenstandes, einer Landschaft etwa («Das ist der Untersee!»), fängt das «Lesen» des Bildes erst an. Es ist mir selber passiert, daß ich die Dampfmaschine auf dem Bild Seite 23 als eine Schnapsbrennerei angesehen habe!

Ins Register am Schluß habe ich die wichtigsten zugänglichen Photosammlungen und die für unser Gebiet bedeutendsten Photographen aufgenommen. Da die wenigsten Aufnahmen eindeutig einem bestimmten Photographen zugewiesen werden können, habe ich auf ein entsprechendes Verzeichnis verzichtet.

Wozu das Buch dienen soll

Wie eben gesagt: Auch das Betrachten will (wieder) gelernt sein. Das Lesen der Texte mag als Ergänzung dienen und zum Nachdenken anregen. Das Buch ist so handlich, daß es in einem Wanderrucksack Platz hat, und damit ist eine weitere Möglichkeit angedeutet, wie man mit ihm «umgehen» kann: Man suche die abgebildeten Orte auf, vergleiche ... und mache sich seine Gedanken!

Ich möchte mir dazu noch einige Bemerkungen erlauben: Es ist mir ein Bedürfnis, dem Betrachter und Leser dieses Buches zu zeigen, daß vor siebzig, achtzig Jahren die Landschaft vom Menschen weit weniger beansprucht und übernutzt war, daß die Ortsbilder noch viel geschlossener, behäbiger, intakter waren als heute, daß von der heutigen Werbe- und Konsumwut, welche Häuser, Straßenzüge und ganze Ortschaften verschandelt, noch kaum etwas zu spüren war. Auch die technischen Hilfsmittel von damals vertrugen sich irgendwie viel besser mit der freien Landschaft und der gebauten Umwelt des Menschen als heute, doch läßt sich hier natürlich nichts zurückholen. Im Landschafts- und Ortsbildschutz hingegen ist das möglich und – wie an diesen Aufnahmen durch Vergleich deutlich werden muß – auch nötig. Möge die Einsicht, daß unser Lebensraum bewußter gepflegt und sorgfältiger gestaltet werden muß, zunehmen, und mögen aus dieser Einsicht Taten folgen!

Die ältere Generation wird in diesem Buch manches finden, was früher vertrauter Anblick war; sie wird sich an manches erinnern, was sie früher erlebt, erfahren oder eben nur gesehen hat. Die Jüngeren mögen aus den Bildern Entwicklungen ablesen, den Wandel erkennen, dem alles Irdische unterworfen ist, aber auch Hinweise finden auf Menschlich-Allzumenschliches, mit dem man auch heute und morgen wird fertig werden müssen.

Etwas über Photographie und Nostalgie

Die Photographie beginnt 1839 von Paris aus zuerst Westeuropa und dann die Welt zu erobern. Die Nordostschweiz kann sich rühmen, den ersten Photographen weit und breit «besessen» zu haben; es ist der Vedutenmaler Johann Baptist Isenring, der erst in St. Gallen, 1840 dann in München und später wieder in St. Gallen Daguerreotypien und Talbotypien anfertigte, von denen allerdings kaum mehr etwas vorhanden ist.

Die ersten Thurgauer, die photographiert worden sind, dürften die beiden Tagsatzungsabgeordneten Johann Melchior Gräflein aus Steckborn und Dr. Johann Konrad Kern aus Berlingen sein, von denen eine Daguerreotypie von 1847 existiert, wahrscheinlich vom ersten Berner Photographen, Carl Durheim, aufgenommen. (Abbildung in A. Schoop, «Johann Konrad Kern», Band 1, Seite 176). In der zweiten Jahrhunderthälfte wird der Thurgau allmählich photographisch «angeknabbert»: vom Winterthurer Stephan sind um 1870 einige Ansichten aus Frauenfeld und Umgebung erhalten geblieben. Auch die Herren Koch in Schaffhausen und Wolf in Konstanz beginnen um diese Zeit zu arbeiten. Postkartenverlage senden ihre Photographen aus, die an See und Rhein und in den größeren Ortschaften des Kantons reiche Beute machen. Einheimische Photogeschäfte entstehen, von denen einige Archive noch vorhanden sind, vor allem in Frauenfeld. Zu Anfang des Jahrhunderts arbeiten im Thurgau zwei «Photopoeten», die ausgesprochen schöne Landschaftsbilder geschaffen haben: Burkhart in Arbon und Hausamann in Heiden; letzterer sammelte im Auftrag des jungen Thurgauer Heimatschutzes etwa zweihundert Motive.

Die Geschichte der Photographie im Thurgau und am Bodensee ist noch nicht geschrieben. Dieser erste flüchtige Überblick ist alles, was ich im Moment geben kann.

Und nun zur Nostalgie, der «Krankheit» der zweiten Hälfte unseres Jahrhunderts, wahrscheinlich die Reaktion auf die fortschrittshörigeren Jahrzehnte davor: Ich möchte die Beschäftigung mit alten Bildern nicht nur als nostalgische Schwäche ansehen, vor allem dann nicht, wenn sie mit Reflexion, mit Nachdenken über die Zusammenhänge des Gestern mit dem Heute und dem Morgen, verbunden ist und damit unser Bewußtsein schärfen hilft. Gewiß, das träumerische Sichvertiefen in die Details einer alten Photographie ist auch schön und kann einen für Augenblicke sogar in die oft beschworene gute alte Zeit entrücken. Wer aber ernsthaft bemüht ist, sich über die Situation der Menschen von damals «ins Bild zu setzen», wird erkennen, daß oft gerade in den romantischsten Winkeln und Hinterhöfen das größte Elend hauste. Die Photographie in ihrem unerbittlichen Realismus kann uns eine echte Hilfe sein beim Eindringen in die gesellschaftlichen Probleme des neunzehnten und zwanzigsten Jahrhunderts.

Sie ist eine wertvolle Geschichtsquelle, das Betrachten derselben eine Art Geschichtsunterricht: Das Bild der streikenden vierzehnjährigen «Fabriklerbuben» mit Hut, Weste und Uhrenkette wird einen Schüler der Oberstufe oder einer Mittelschule ebenso nachdenklich stimmen können wie ein Vortrag seines Lehrers zum Thema Schule und Berufsbildung.

Auf jeden Fall kann die Beschäftigung mit alten Photos größeren inneren Wert beanspruchen als das Tragen von Großmutters Röcken oder das Lesen von sentimentalen Schmökern, die heute wieder als Taschenbuchausgaben verkauft werden!

Ein Dank, eine Bitte und ein paar Anregungen

Ich möchte nicht unterlassen, allen Helfern herzlich zu danken, besonders den Leihgebern, die mir ihre Schätze anvertraut haben, und den fachkundigen Personen, die ich, oft wiederholt, um Auskunft gebeten habe. Ebenfalls danke ich allen interessierten Betrachtern und Lesern, denen gegenüber ich nun eine große Bitte ausspreche:

Bitte helfen Sie mir! Ich bin auch weiterhin an alten Photos interessiert, sei es, daß man mir welche überläßt, sei es, daß man mir vom Vorhandensein derselben Kenntnis gibt. Ferner bin ich dankbar für jede Berichtigung und Ergänzung der in diesem Buch gemachten Aussagen, die ja oft auf mündlicher Überlieferung beruhen.

Und nun die Anregungen: Wir sollten auch im Thurgau das noch vorhandene alte Photomaterial besser hegen und pflegen! Es müßten derartige Sammlungen innerhalb und außerhalb des Kantons aufgespürt und ausgewertet werden. Daraus ließen sich örtlich, regional oder thematisch aufgebaute Photodokumentationen erstellen, oder es wäre das Werk eines Photographen zu sammeln und sicherzustellen. Dies gilt auch für Photos der jüngsten Vergangenheit oder gar der Gegenwart. Solche Sammlungen könnten von der Gemeinde finanziert und ausreichend beschriftet im Archiv deponiert werden. Natürlich sind die Ortsmuseen und Heimatvereinigungen zum Sammeln solcher Dokumentationen prädestiniert; um so erstaunlicher, daß es nicht alle machen! Zur Übernahme ganzer Photoarchive, auch von Negativen, ist – wie gesagt – die kantonale Denkmalpflege besonders zu empfehlen. Sie hat auch ein primäres Interesse an einer Dokumentation des Baubestandes im Kanton. Am wenigsten würde ich diejenigen begreifen, die der Bequemlichkeit halber Photos verderben lassen oder wegwerfen, und diejenigen, welche darin nur den allfälligen Geldwert sehen wollten.

Haus und Hof

Die zwei kleinen Mädchen am Ziehbrunnen des Hauses Vogel unterhalb der Kirche in Keßwil wissen noch nichts vom Weltkrieg und kennen auch das Wort Radio nicht. Vielleicht haben sie schon einmal ein Flugzeug oder gar den Zeppelin gesehen, und der eine oder andere Automobilist wird sich schon nach Keßwil verirrt haben. Das Wasser holt man noch am Brunnen, und in der Stube flackert und rußt die Petrollampe.
Die Ruhe, die dieses Bild ausstrahlt, war damals noch wirklich vorhanden: Auge und Ohr wurden noch nicht mit chaotischen Reizen überschüttet, welche jede Versunkenheit und Hingabe, etwa ans Spiel, verunmöglichen; die Materialgerechtigkeit der Umwelt war noch nicht durch Kunststoff und Imitation in Frage gestellt; die Natur beschirmte noch den Menschen und nicht umgekehrt. War das – trotz allem – die «heile Welt»?

Ein Bohlenständerbau «irgendwo im Thurgau» und wahrscheinlich schon längst abgebrochen. In solchen Häusern lebten die einfacheren Thurgauer Bauern noch bis weit ins neunzehnte Jahrhundert hinein. Heute sind solche Ständerbauten (Skelett aus Balken, Wände aus Bohlen, das heißt dicken Brettern) sehr selten geworden. Auch die Methoden der Landwirtschaft haben sich in den letzten hundert Jahren grundlegend gewandelt. Kein Wunder also, wenn – wie überall in Europa – auch im Thurgau Bestrebungen im Gange sind, die bäuerliche Lebensweise früherer Zeiten in einem Museum wiedererstehen zu lassen.

Ackermannshub in der Gemeinde Egnach, zwischen Steinebrunn und Neukirch-Egnach, ein sehr alter Hof, zu dem nach einem Plan von 1814 fast hundert Jucharten Land gehörten. Es ist der Typ des oberthurgauischen Großbauernhofs und zeigt sich auf dieser Aufnahme noch ohne die Veränderungen des späteren neunzehnten Jahrhunderts. Es ist ebenfalls ein Bohlenständerbau, an dem man die dafür typischen «Kopfhölzer» sehen kann. Im Keller findet sich auf einem Türsturz die Jahrzahl 1650.

Zum Hof gehört die Zehntscheune von 1713 (nicht sichtbar), in welche die zinspflichtigen Bauern ihre Abgaben bringen mußten. Sie ist reich an baulichem und malerischem Zierat und war früher durch einen gedeckten und verschalten Gang im ersten Stock mit dem Haupthaus verbunden.

Eine fahrbare Heupresse an der Arbeit auf einem Bauernhof in der Umgebung von Frauenfeld. Die ganze Anlage gehört offenbar dem gut angezogenen Herrn, der neben dem Elektromotor rechts hinten im Schatten in unverkennbar beherrschender Pose steht. Es dürfte ein Heuhändler sein, der mit seiner Presse von Dorf zu Dorf zog, das überschüssige Heu aufkaufte, es in Ballen preßte und diese einlagerte, bis sich der Weiterverkauf lohnte.

Eine Dampfmaschine als stationäre Kraftquelle, zum Beispiel für eine Dreschmaschine (man beachte die Transmissionsriemen links). In den ungedruckten Lebenserinnerungen eines Bauernsohnes aus der Jahrhundertwende lesen wir: «Die Dampfmaschine war ein sehr imponierender Koloß. Und in ihrem eisernen Bauche loderte lebendiges Feuer, das genährt sein mußte. Schon wochenlang vorher wurden die Kohlenstücke gebracht, und wir verglichen die kleinen Haufen vor den verschiedenen Scheunen nicht ohne Eifersucht. Der Maschinist warf die Brocken in den feurigen Rachen des Ungeheuers. Der ‹Tampf›, wie wir es nannten, hatte seine Launen. Ging der Maschinist einmal weg, so fing er entweder zu ‹rennen› an, oder er wollte stillstehen, und der Mann mußte herbeieilen, um ihn zu regulieren, indem er an einem Rädchen drehte. Der gleichmäßige dumpfe Summton der Maschine, den man von weitem vernahm, stieg an oder sank. Indessen zischte und rauschte das Stroh in der rumpelnden Dreschmaschine, die die Garben fraß (und auch einmal einer Bäuerin ein Bein gefressen hatte)...».

Links: Alfred Huggenberger, «Der Mähder».
Das schafft mir Lust: im Morgenwehn
In der Kette der Mähder zu stehn!
Frische Gesellen, zäh und stark,
Bloße Arme, gebräunt und voll Mark!
Wie die Sensen sirren und fliegen,
Breite Schultern im Takt sich wiegen.
(Der Mähder rechts ist Alfred Huggenberger.)

Ein Roggenfuder mit dem «klassischen» Gespann des Kleinbauern. Die Garben wurden mit den Ähren zur Mitte geladen, damit ja kein Körnchen verlorenging. Den Roggen drosch man oft noch von Hand, mit dem «Pflegel», damit das «Schaub» zum Binden der Reben zurückbehalten werden konnte. Der Brückenwagen war vom Wagner, das Zaumzeug vom Sattler gemacht, und die Holzrechen hatte der «Gabelmacher» angefertigt: Berufe, die es damals in jedem «rechten» Dorf gab.

Beispiel einer Kleinlandwirtschaft aus Triboltingen am Untersee. Solche Betriebe gab es früher zu Dutzenden in jedem Dorf. Sie umfaßten meist wenige Jucharten Land und waren stark zerstückelt. 1905 hatte jeder fünfte Betrieb im Thurgau mehr als zwanzig voneinander getrennte Parzellen. Je nach Lage halfen Rebbau, Wald- und Fabrikarbeit mit, die oft kinderreichen Familien zu ernähren.

Links: Der Obstmarkt in Frauenfeld nach 1906. Auf dem Viehmarktplatz (er heißt heute noch so, obwohl dort weder Vieh noch Obst mehr gehandelt werden) hielten an den Samstagen im Herbst die Bauern der Umgebung Äpfel und Birnen feil. Die Städter deckten sich zainenweise damit ein; Harasse kannte man noch nicht.

Die heutige Form des Marktes kündigte sich um die Jahrhundertwende bereits auch in Kleinstädten und großen Dörfern an, hier in Romanshorn. Vor dem ersten Weltkrieg war die Konkurrenz der Konstanzer Warenhäuser im ganzen Kanton herum spürbar. Die vielen Großinserate in thurgauischen Zeitungen sprechen da eine deutliche Sprache.

Links: Gartenkultur um die Jahrhundertwende: Das Haus von Schneidermeister Konrad Munz in Bischofszell, mit Wintergarten (unter dem Balkon) und großer künstlicher Grotte, mit Alpengarten, Teich und einem Gartenhaus «aus dem Katalog», dessen Haube neckisch die Form der Kirchturmzwiebel variiert.

Das Herrschaftshaus des Weingutes Bachtobel bei Weinfelden mit dem Besitzerehepaar Statthalter Johann Ulrich Kesselring (1798–1876) und Johanna Elisabeth, geborene Freyenmuth (1807–1875). Frau Kesselring war die Schwägerin von Dr. Johann Konrad Kern (vergleiche Seite 42). J. U. Kesselring ist der Ururgroßvater des jetzigen Besitzers. Bachtobel gehört der Familie seit 1784.

Statussymbole der Jahrhundertwende: die Sonntagskutsche, von Rapp und Schimmel gezogen, der Kutscher, das Kinderfräulein, die beschürzten Dienstmädchen und die großen Hunde! (Haus «Zum Salamander» in Steckborn.)

Groß und Klein

Eine Schulklasse aus Märstetten verpflegt sich unterwegs zur Reichenau (1908). Beachtlich ist die große Zahl gut gekleideter erwachsener Begleiter.

Das Pestalozzischulhaus in Weinfelden, 1838 bis 1840 von Baumeister Hofmann von Islikon errichtet. Der Bau wurde durch die Aussicht beschleunigt, daß Weinfelden Sitz der thurgauischen Kantonsschule werden könnte, welche man nebst der Gemeindeschule in dem Gebäude unterbringen wollte.
Beim Betrachten der turnenden Knaben denkt man unwillkürlich an Albert Ankers «Turnstunde», wo die Mädchen auch nur zuschauen dürfen. Der Lehrer turnt in Gehrock und Hut (um 1875).

Dem Konstanzer «Hofphotographen» German Wolf verdanken wir diese Aufnahme des Lehrerseminars Kreuzlingen (vor 1899). Die «Zöglinge» – Mädchen sucht man vor 1904 vergeblich – haben sich in Gruppen im Klosterhof aufgestellt, eine Klasse unterbricht den Turnunterricht, und vorne rechts scheint man am Schwingen zu sein. Die Bürschchen wirken sehr jung und wenig entwickelt. Es kam ja vor, daß ein Junglehrer den Stimmbruch noch nicht hatte!

Die Seminarausbildung dauerte damals noch drei Jahre; das aber wurde bereits vor 1870 als ungenügend betrachtet. Eine erste Abstimmung ergab 1873 ein derart wuchtiges Nein zur vierjährigen Ausbildung, daß der nächste Versuch erst 1901 gewagt wurde – mit demselben Resultat. Nochmals zehn Jahre, und der Thurgau erhielt endlich – als zweitletzter Kanton – die vierjährige Seminarausbildung!

Gruppenbild mit Damen und etwelchen anderen neugierigen Wesen! Wer kennt den markanten Kirchturm mit dem Storchennest? Es ist der von Gachnang (Mundart: Gòòchlinge) bei Frauenfeld. Die St. Pankratiuskirche bildet bis heute den Mittelpunkt eines weitläufigen Sprengels, zu dem auch seit vorreformatorischer Zeit ein Großteil der zürcherischen Gemeinde Bertschikon gehört.

Mit sicherem Auge hat der unbekannte Photograph im Frühling 1903 diese Aufnahme gestellt. Der Kirchturm von Hugelshofen am Ottenberg war damals noch keine vier Jahre alt; die gemütliche Käsbisse hatte einem Helmturm mit farbigen, glasierten Ziegeln weichen müssen. Diese fanden die Hugelshofer so schön, daß sie nachträglich noch den Dachstuhl des Schiffs erneuern und ebenfalls mit solchen Ziegeln eindecken ließen.

Hausierer mit «Chrääzen» sieht man seit vielen Jahren nicht mehr; früher gehörten sie zum Straßenbild und wurden vom ansässigen Gewerbe und Kleinhandel als Konkurrenz und von der Bevölkerung oft als Landplage empfunden.
Der Hausierer auf unserem Bild wurde 1910 beim «Unterhof» in Dießenhofen aufgenommen, einem interessanten Gebäude mit megalithischem Bergfried aus der Zeit vor der Stadtgründung.

Während heute selbst die Mädchen kaum mehr solche Spiele pflegen (ausgenommen etwa «Gummitwist»!), finden es auf unserem Bild aus Eschenz (um 1920) die Buben nicht unter ihrer Würde, beim Ringelreihen mitzumachen!

Märstetter Schüler posieren vor dem bekränzten Lastwagen, der sie nach Gais, auf den Stoß und nach Altstätten bringen wird. Ein Strohhut gehörte auch 1921 noch zum «guten Ton». Der Photograph, alt Lehrer Jakob Greuter in Bottighofen, meint, heute würde ein solcher Transport im offenen Wagen wohl nicht mehr gestattet.

Alfred Huggenberger mit seiner Tochter und zwei Freunden. Das einzige Kind der Eheleute Huggenberger wurde am Tage nach dem bösen Brand ihres Hofes in Bewangen geboren. Das war 1904. Vier Jahre später verkaufte der Dichter den wiederaufgebauten Hof und baute sich einen kleineren in Gerlikon bei Frauenfeld.
Der Herr rechts ist Dr. Hans Bodmer, Präsident des Lesezirkels Hottingen, einer damals sehr bekannten Dichtervereinigung.

Die Maturitätsklasse 1863 der technischen Abteilung der Kantonsschule Frauenfeld hat sich 1909 vollzählig zu dieser Aufnahme versammelt.
Stehend, von links nach rechts: Arnold Hugentobler, Direktor, Genua; Otto Geiger, Straßeninspektor, Frauenfeld; Alois Kaiser, Sekundarlehrer, Müllheim; Gottlieb Kübler, Sekundarlehrer und Musikdirektor, Winterthur. Sitzend, von links nach rechts: Adam Corradi, Redaktor und Waisenrat, Zürich; Jakob Engeli, Sekundarlehrer, Ermatingen; Jakob Fröhlich, Geometer, Zürich.

Johann Jakob Freyenmuth, alt Gemeindeammann von Wigoltingen (1771–1855), der ältere Bruder des Regierungsrats. Der Wigoltinger Ortschronist, Pfarrer Gottlieb Amstein, beschreibt ihn als einen ideal gesinnten Menschen, als Freund der Musik, der selber die Violine spielte und weitere Dilettanten zu einem «Orchesterchen» vereinigte. Er spielte gern Theater, konstruierte Sonnenuhren, stellte Feuerwerk her und zählte auf seinen vielen Märschen mittels einer Zähluhr seine Schritte. Auch an seiner Chaise hatte er eine solche Vorrichtung angebracht. Er pröbelte an vielem herum, vermaß das Gemeindegut von Eschikofen, und schrieb ein Tagebuch. Kurz vor seinem Tode ließ er sich zur Station Müllheim-Wigoltingen fahren und erlebte die Einfahrt des ersten Zuges der Thurtallinie.
Unser Bild zeigt Johann Jakob Freyenmuth kurz vor seinem Tode; ihm zur Seite wohl seine beiden Enkelinnen.

Der Industrielle Adolph Saurer unterhält sich mit Schaulustigen anläßlich eines Versuchs mit einer Saurer-Spezialzugmaschine für schwere Pflüge während des ersten Weltkrieges.
Die «Anbauschlacht» zur Sicherstellung der Landesversorgung, die nach 1939 unverzüglich einsetzte, lief im ersten Weltkrieg sehr langsam an. So wurden zum Beispiel erst im vierten Kriegsjahr auf der Frauenfelder Allmend sechzig Jucharten für den Anbau von Getreide, Kartoffeln und Gemüse umgepflügt.
Adolph Saurer hatte mit seinen Brüdern Anton und Emil die von ihrem Vater 1863 von St. Georgen bei St. Gallen nach Arbon verlegte Gießerei übernommen. Seit 1896 stand er allein an der Spitze des sich rasch entwickelnden Unternehmens. Seine Spezialität waren die Petrol- und Benzinmotoren, während sich sein einziger Sohn Hippolyt vor allem mit dem Dieselmotor beschäftigte.

Dr. Johann Konrad Kern (1808–1888) von Berlingen und seine Gattin Aline, geborene Freyenmuth (1809–1890). Sie war die Tochter von Regierungsrat Johann Conrad Freyenmuth, «eine außergewöhnliche, gute Frau ..., die Kern in glückliche Verhältnisse brachte» (Schoop). Den bedeutenden Staatsmann und Diplomaten Kern sehen wir hier in seiner Amtstracht, die er sich allerdings aus eigener Initiative und eigenen Mitteln anfertigen lassen mußte, um am Hofe Napoleons III. weniger aufzufallen!

Rechts: Kaiser Wilhelm II. zu Besuch bei Oberst Fehr in der Kartause Ittingen (4. September 1912). Der Photograph hat hier das letzte Schwätzchen vor dem Abschied festgehalten, als die Atmosphäre bereits gelöst und herzlich war.
Links vorn der Kaiser, neben ihm der Rechtshistoriker Professor Dr. Hans Fehr und sein Onkel Oberst Victor Fehr, der Besitzer der Kartause. Da sich der Kaiser fast zwei Stunden verspätet hatte und erst um halb zwei Uhr in Frauenfeld war, sei das reiche Menü in einer halben Stunde «heruntserviert» worden.

Beim Eingang zum thurgauischen Kranken- und Greisenasyl Sankt Katharinental am Rhein unterhalb von Dießenhofen, 1870 in den dortigen Klostergebäuden eingerichtet. St. Katharinental war als letztes thurgauisches Kloster erst 1869 aufgehoben worden. Die 1977 abgeschlossene Gesamtrestaurierung hat die Schönheiten dieser Barockanlage wieder voll zur Geltung gebracht.

Rechts: Beerdigungsgeleit für den am 19. März 1905 verstorbenen Major Jean Baer in Arbon. Als junger Mann hatte er das Hotel Baer erbaut (an dessen Stelle steht heute das «Metropol»); er war von 1877 bis 1899 Gemeindemmann und Ortsvorsteher gewesen und hatte die Park- und Hafenanlagen und die Wasserversorgung der Stadt entscheidend gefördert; weiter war er Feuerwehrkommandant, Präsident vieler Vereine, Bezirksgerichtspräsident, Kantonsrat usw., «ein eifriger und manchmal feuriger Kämpfer».

Die Adlerwirtin Frau Katharina Debrunner-Kreis in Ermatingen, an ihrem siebzigsten Geburtstag mit den Familien ihrer Kinder. Ihr früh verstorbener Gatte hatte im selben Hause die erste Eisenhandlung am Untersee geführt, sie selber stand dem rasch wachsenden Hotelbetrieb vor, den später ihre Tochter, Frau Schellenberg (ganz links), übernahm. Nachfolgerin von Frau Schellenberg war dann Elise Heer. In der Ära Debrunner verkehrten im «Adler» noch häufig die Verwandten und Freunde der Napoleoniden auf Arenenberg.

Ortsbild und Landschaft

Luftaufnahme des Städtchens Dießenhofen und des jenseits des Rheins liegenden deutschen Dorfes Gailingen (um 1925). Klar erscheint hier der burgähnliche Charakter der befestigten Stadt im Unterschied zur lockeren Bauweise des Dorfes.

Links: Die auch heute noch fast unversehrt erhaltene Altstadt von Dießenhofen, gesehen vom Rebhang am deutschen Ufer des Rheins, der von alters her in Schweizer Besitz ist und von Dießenhofer Rebbauern bewirtschaftet wird.
Das Dampfschiff hat eben die Landestelle ganz rechts im Bild verlassen und strebt mit umgelegtem Kamin der Brücke zu.

Das Ufer des Untersees zwischen Mammern und Eschenz bot sich 1910 noch völlig unberührt dar. Aber schon damals befaßten sich auf Veranlassung von Heimatschutzkreisen die thurgauische Regierung und der Große Rat mit dem Uferschutz und den Wanderwegen am See. Trotzdem haben die meisten Bodenseegemeinden unterdessen weite Strecken ihres Uferanstoßes zur Überbauung freigegeben, und eine hat sogar noch 1977 die Uferzone zum Baugebiet erklären wollen!

Links: Blick auf Steckborn und das gegenüberliegende Ufer des Untersees mit Schloß Marbach (links vom Kirchturm) und Hemmenhofen (rechts). Das geringe Wachstum des Städtchens bis über die Schwelle unseres Jahrhunderts hinaus – nur an der Morgenstraße rechts vorne sind einige Neubauten – wird einem drastisch bewußt, wenn man die Lithographie von Labhart aus dem Jahre 1830 danebenhält. Der heutige Kirchturm stammt aus dem Jahre 1834; der alte stand auf der östlichen Giebelseite des Schiffes.

Blick aus dem Flugzeug auf Berlingen am Untersee (um 1930). Diese Siedlung, einst von Wein- und Kleinbauern, Küfern und Fabrikarbeitern bewohnt, zeigt sich hier noch kaum von Neubauten beeinträchtigt. Nur an einer Stelle ist der alte Siedlungskern aufgerissen (Trikotfabrik), und die Firste zeigen noch fast durchwegs ihre charakteristische Ausrichtung rechtwinklig zur Uferlinie. Das Ufer im Osten ist noch weitgehend unverbaut. In letzter Zeit hat sich da manches ungünstig verändert; das Neuste sind jetzt Terrassenhäuser!

Solche Hänge voller Reben gab es früher den ganzen See entlang auf beiden Seiten. Abgesehen von wenigen bevorzugten Lagen, ergab jedoch das Schweizer Ufer einen recht sauren Tropfen, der höchstens in bissigen Witzen «gepriesen» wurde. Wenn die Schweizer Rebbauern am See beim Wimmet ihre «Butten» ausleerten, soll man es in Stein am Rhein auf der Brücke noch prasseln gehört haben! Die vom Tägerwiler Weinbau- und Obstverwertungspionier Dr. Hermann Müller (meist Müller-Thurgau genannt) gekreuzte neue Sorte Riesling (oder) Sylvaner hat doch immerhin dem Rebbau in den besseren Lagen eine Zukunft gesichert.

Das Ufer des Untersees bei Berlingen. Bis aufs letzte war früher der schmale Uferstreifen zwischen Steilhang und See landwirtschaftlich genutzt. Links von der Straße erkennt man einen Rebberg, während hart am See noch mächtige Mostbirnbäume ihre Zweige im Wasser spiegeln. Ohne viel Aufwand und ohne kantige Stützmauern schützte man damals noch den Ufersaum mit Pfahlreihen und Bollensteinen. Ein wundervoll urwüchsiges und harmonisches Bild!

Noch ist hier die Landzunge von Ermatingen ein einziges Meer
von Obstbäumen, nur gerade um die Kirche und dem Ufer entlang
drängen sich die Häuser enger zusammen. Der Tatsache, daß
zwischen Dorf und Staad (am See) genügend Platz für Industrie
vorhanden war, ist es zuzuschreiben, daß sich heute quer durch das
Ortsbild kolossale Fabrik- und Lagergebäude erstrecken, welche
die ursprüngliche und während Jahrhunderten bewahrte
Kleinmaßstäblichkeit und Lieblichkeit dieses einst berühmten
Ferienortes massiv beeinträchtigt haben.

Das «Horn» am Ostrand von Ermatingen. Hier hängten die Staader Fischer seit jeher ihre Garne und Netze zum Trocknen und Flicken auf. Das große Schiff ist der «Segner», das Fangschiff der berühmten Gangfischsegi-Genossenschaft (vergleiche Bild Seite 115). Dahinter erscheint die Kirche von Oberzell auf der Insel Reichenau. Eine wunderbare und damals noch absolut echte Idylle. Aber auch hier heißt es: Es war einmal! Die «Netzhänki» ist heute verödet, und an metallenen Bootsstegen schaukeln Motorkähne und Segeljachten.

Links: Das Hotel «Adler» in Ermatingen, um 1900. Es soll das älteste Hotel des Kantons sein. Unter den vielen berühmten Gästen finden wir etwa den Münchner Maler Wilhelm Trübner oder den Dichter Jakob Christoph Heer, dessen Schwester später den «Adler» übernahm. Graf Zeppelin sei jeweils vierspännig vorgefahren.

Hölzerner Brunnen bei der Berlinger Kirche. Neben Weinbau und Weinhandel spielte in diesem Dorf die Küferei eine große Rolle, und dies nicht zufällig, hatten die Berlinger doch viel Wald, aber wenig Reb-, Wies- und Ackerland. Sie waren also auf weiteren Verdienst angewiesen. Sie belieferten mit ihren Fässern, Standen, Butten und Kübeln vor allem den Konstanzer Markt.

Links: Mitten in Kreuzlingen, auf altem Klosterboden, wurden um 1900 noch Reben gezogen. Auffallend ist der damals übliche sehr enge Satz; oft zog man an einem Stickel zwei Rebstöcke.
Die zum ehemaligen Augustinerkloster, heute Lehrerseminar, gehörende Kirche St. Ulrich und St. Afra hatte bei der Restaurierung von 1899 einen neubarocken Turmhelm erhalten; er wurde aber nach dem Brand von 1963 wieder durch den ursprünglichen ersetzt.

An der Hauptstraße von Kreuzlingen: Das stattliche Gebäude mit dem Türmchen ist das 1816 erbaute Sallmannsche Haus; es schließen sich rechts an: der «Schweizerhof», dann die Stallungen und das Hotel «Löwen», in dem Eduard Mörike gelegentlich speiste.
Die Hauptstraße von Kreuzlingen wurde als erste Straße im Thurgau mit einem «Teermacadam-Belag System Aeberli» versehen. Das war um 1910.

Blick auf Kurzrickenbach, als es noch eine selbständige Gemeinde mit wenigen hundert Einwohnern war. Die Eingemeindung mit Kreuzlingen erfolgte 1927. Seither hatte es vollen Anteil am rasanten Wachstum der «jungen Stadt am Bodensee». Von der Idylle ist heute nicht mehr viel vorhanden.

Der Dorfkern von Kurzrickenbach zur selben Zeit: Sämtliche Gebäude auf der rechten Straßenseite sind inzwischen der «Verkehrssanierung» zum Opfer gefallen, auch das stilvolle Beuttersche Haus (ganz unten) aus dem Jahre 1784. Die unschöne Begradigung dem Käsbach entlang ist auch verschwunden; man hat – ultima ratio – den Wasserlauf zugedeckt.

Der Kirchturm der damals noch paritätischen Kirche von Arbon erhielt erst 1895 seine gegenwärtige Form. Gegen diesen Umbau erhob übrigens der Schweizerische Verein für Erhaltung historischer Kunstdenkmäler lebhaften Einspruch. Der historisierende Stil (Tudorgotik) macht aber den Verlust an historischer Substanz erträglich.

Rechts: Die gedeckte Thurbrücke zwischen Bürglen und Istighofen von 1836 mit Dorf und Schloß Bürglen im Hintergrund. Man beachte die Wuhren am Thurufer aus geflochtenem Rutenwerk und Steinen. Seit 1855 unterstehen alle Wuhrarbeiten kantonaler Aufsicht, und die Kosten werden auf Bund, Kanton und Anstößer aufgeschlüsselt.

Links: Ein historischer Ort: Der Platz vor dem «Trauben» in Weinfelden mit Blick auf die alte, 1902 abgebrochene Kirche. Von der Freitreppe unter dem schönen Bogentor sprach Apotheker Paul Reinhart am 1. Februar 1798 zum Thurgauer Volk von der Notwendigkeit, die regierenden Orte um die Freilassung des Thurgaus aus der Untertanenschaft zu bitten.
Das Haus hinter dem Wirtshausschild wurde dem zunehmenden Verkehr geopfert. Der Hausierer scheint sich gerade zu überlegen, wer als nächster «drankommen» soll.

Ein «berühmter» Kirchturm! Der stumpfen Käsbisse überdrüssig, wollten die Alterswiler endlich einen Blickfang im «Gögelland» und beschlossen, einen hohen, ja übermäßig hohen Turmhelm zu errichten. Aber: Hochmut kommt vor dem Fall! Am 2. Juni 1891 wurde der erst einige Tage alte neue Helm vom Sturmwind heruntergerissen. Die Geschichte zu dieser Tatsache ist in Ernst Nägelis Buch «Tuusig Aamer Kartüüser» nachzulesen. Der Helm wurde wieder aufgebaut. «Ned nòòlo gwünnt!»

Das Städtchen Bischofszell, hoch über dem Zusammenfluß von Thur und Sitter gelegen, die im Vordergrund bereits vereinigt sind. Auf dieser Aufnahme deutet noch wenig auf die Tatsache hin, daß wir uns am Beginn des zwanzigsten Jahrhunderts befinden. In den wenigen Jahrzehnten seither ist die Thurebene weithin überbaute Industriezone geworden, und der bewaldete Steilhang über der Sitter links im Bild wird von unförmigen Wohnblocks dominiert.

Die 1811 erbaute, 1958 abgebrochene Sitterbrücke von Bischofszell. Es gibt von ihr zwei Modelle, im Ortsmuseum Bischofszell und im historischen Museum des Kantons. Wenig unterhalb der Brücke fließt die Sitter in die Thur, deren Kiesbänke weiter unten sichtbar werden.

Der obere Teil der Marktgasse von Bischofszell, das eindrücklichste Beispiel geplanten Städtebaus im Thurgau. Nach dem Stadtbrand von 1743 entstanden diese Prachtsbauten der Bischofszeller Leinwandherren nach Plänen und teilweise unter Leitung der Brüder Grubenmann aus Teufen. Das Haus links unterhalb des Durchganges zum Bogenturm beherbergt heute das Heimatmuseum.

Rechts: Die Hauptstraße von Oberneunforn; auch ohne Planung ein Bild funktioneller Geschlossenheit: eine stete Abfolge von Wohnteil, Scheune, Stall. Lebhaftes Treiben herrscht auf der Straße. Für Liebhaber von Vexierbildern: Wo steckt der Lehrer? Wer findet den Ziehbrunnen?

Diese ehrwürdige Aufnahme des Winterthurer Photographen Stephan (um 1870) umfaßt die ganze Ansicht der thurgauischen Kapitale von Westen, allerdings ohne das Kurzdorf, das ja auch – mit vier andern Dörfern – erst 1918 eingemeindet wurde. Nicht zu übersehen: die Kaserne, 1863 bis 1865 gebaut, und der Turm der alten katholischen Kirche, 1904 durch einen Neubau ersetzt. Den Rathausturm beim Schloß sucht man hingegen vergeblich. Er wurde erst 1906 erbaut.

Der Kern der Gemeinde Kurzdorf bei Frauenfeld. Die Ursprünge der Kirche St. Johann reichen in die Zeit um 1200 zurück. Im Juni 1915 beschloß die Kirchgemeinde den Abbruch und beauftragte die Architekten Brenner und Stutz mit der Projektierung des Neubaues. Im September wurden an den Außenwänden, im Schiff und im Chor Fresken entdeckt, die von verschiedenen Händen im Laufe des fünfzehnten Jahrhunderts geschaffen worden waren. Man beschloß hierauf, den Chor teilweise stehen zu lassen, die neue Kirche anzubauen und die Fresken zu restaurieren.

Links: Schloß Frauenfeld noch ohne «Konkurrenz»: Das Postgebäude war 1898 fertig. Um den Standort desselben wurde heftig gerungen. Der Stadtrat hielt «durch alle Böden hindurch» am Standort hier, in der Oberstadt fest, während betriebliche Überlegungen und die Rücksicht auf Kurz- und Langdorf eher eine Placierung beim Bahnhof nahegelegt hätten. Als die Bundesversammlung den Kredit für den Bodenkauf gegenüber dem Schloß gutgeheißen hatte, feierte die Oberstadt ihren Sieg mit fünfundzwanzig Böllerschüssen!

Die Rheinstraße, die das Kurzdorf mit der Oberstadt von Frauenfeld verbindet; links vorn geht's zum Bahnhof (um 1900). Die Straße selber noch ohne Belag, der Bürgersteig und sogar der «Fußgängerstreifen» im Vordergrund gepflästert.

Aadorf um die Jahrhundertwende mit noch weitgehend intaktem Dorfkern, der immerhin schon mit Kleinindustrie durchsetzt ist. Das Dorf liegt hart an der thurgauisch-zürcherischen Grenze, die ihm die Hälfte des Umgeländes abschneidet. Nicht ohne Not fochten die Aadorfer, unterstützt vom Kanton, um 1860 einen harten gerichtlichen Kampf um einen Anteil am westlich gelegenen «Aadorfer Feld» aus, das dann allerdings zum «Elgger Feld» wurde. Der Bahnbau von 1855 (der Damm ist links auf unserem Bild sichtbar) hat Aadorf eine starke Entwicklung gebracht, die nur durch den Konkurs der örtlichen Leihkasse (1910) und die Stickerei-Dauerkrise beeinträchtigt wurde.

Die Bahnhofstraße von Eschlikon um 1912. Man merkt dem Bild nicht an, welche Sorgen das Dorf damals bedrückten. Eschlikon machte Schlagzeilen, aus demselben Grund wie Aadorf zwei Jahre früher: Die Spar- und Leihkasse, welche seit ihrer Gründung (1875) sich sehr stark entwickelt und namhafte Beiträge an öffentliche Werke ausgerichtet hatte, brach wegen unvorsichtiger Kreditgewährung plötzlich zusammen! Die Bürgergemeinde mußte ihren Wald verkaufen, und zahlreiche Einwohner verloren einen Teil ihrer Ersparnisse. Dies und der Zusammenbruch der Stickerei in den folgenden Jahren brachten das Dorf in eine langjährige wirtschaftliche Krise.

Links: Ein prachtvolles Bild: Stettfurt mit dem Schloß Sonnenberg (Aufnahme vor dem Kirchenumbau von 1900). Am sonnigen Berghang ist jedes fruchtbare Fleckchen rebbestanden. Aus der fächerförmigen bewaldeten Mulde fließt der Dorfbach, vorbei an den Pappeln, hinaus ins üppige Wiesland, der Lauche zu. Das Dorf selber ein Bild der Harmonie. Die gute alte Zeit!

Dußnang im waldreichen Hinterthurgau, dem Tannzapfenland. Die neugotische katholische Kirche entstand im Jahre 1900. Daneben das 1891 eröffnete Kneippsanatorium, dem Dußnang seinen Ruf als Kurort verdankt. Zwischen dem Schulhaus (links) und den Neubauten an der Hauptstraße liegt der alte Dorfkern mit der hinter Bäumen versteckten alten Kirche.

Der großartige barocke Klosterkomplex von Fischingen, der südlichsten Gemeinde des Thurgaus, hier noch vor dem Brand des Ökonomieflügels.
Im Mittel- und Vordergrund zwei Vertreter der für diese Gegend typischen reinen Holzhäuser, die sehr ans Toggenburger- und Appenzellerhaus gemahnen. Im Hinterthurgau gab es früher besonders viele reine Holzbauten (Ständerbauten), und die Mehrzahl war mit Schindeln gedeckt. Die kantonale Gebäudeversicherung ordnete um die Jahrhundertwende die Beseitigung aller Schindeldächer an und zahlte Beiträge ans Umdecken.

Feuer und Wasser

Die Feuerwehr Arbon unter Kommandant Gimmel stellt sich nach mehr oder weniger getaner Arbeit zum Gruppen-Erinnerungsbild. Der Brand in dem zum «Engel» gehörenden Doppelwohnhaus war in der Nacht vom 13. auf den 14. März 1898 ausgebrochen, und die drei betroffenen Familien konnten nur ihr nacktes Leben retten. Sie waren aber versichert. Ein Feuerwehrmann wurde verletzt.

Links: Am 11. Mai 1910 spät abends brach im Hause des Georg Füllemann in Berlingen (dem dritten von rechts) Feuer aus, das sich «dem Nachbarhaus mitteilte», welches Gemeinderat Kasper gehörte und wo ein Hausierer ein Tuchlager hatte. Auch das übernächste Haus, von Frau Kommandant Brugger bewohnt, erlitt Schäden. Der Korrespondent des «Boten vom Untersee» lobte in seinem Bericht die neuen Hydranten und den Feuerwehrkommandanten, Lehrer Seeger.

Links: Dies ist eine Aufnahme von Adolf Dietrich! Wie manche Maler benützte auch er die Photographie als «Gedankenstütze». Daneben hat er manche kleine Begebenheit aus seiner nächsten Umwelt festgehalten, wie diese Spritzenprobe an der Bachstraße in Berlingen. Derartige «Leiternkunststücke» seien heute verboten, wurde mir von zuständiger Seite versichert!

Das Bild ist zwar vor Adolf Dietrichs Haus (links) aufgenommen worden, aber nicht von ihm. Es zeigt das Resultat des verheerenden Unwetters vom 20. Juli 1932, als der berüchtigte Berlinger Bach nicht nur sein Bett mit Geschiebe füllte, sondern gleich noch die Straße nebenher stellenweise wegriß. Die Hauptstraße war auf mehreren hundert Metern fast knietief mit Schlamm und Geröll bedeckt.

Links: Überschwemmung am Untersee von Anfang September 1890. Die Aufnahme wurde an der unteren Seestraße in Ermatingen gemacht. Einige Männer sind dabei, Hausrat zu evakuieren. Auf den rohen Brettern des Laufsteges stehen ein Grenzwächter (an «Sheriffstern» und Käppi erkennbar; vergleiche (Bild Seite 100), drei Staader Fischer, die man zwar eher nach Hamburg oder Friesland einordnen würde, und zwei «Frauenspersonen».

Auch in Steckborn mußten 1890 Notstege errichtet werden. Bei Hochwasser kamen oft Photographen, und es fanden sich immer wieder scharenweise Neugierige ein, die auf den schwankenden Brettern posierten – und beileibe nicht nur Kinder! Für die war Hochwasser ein Fest, für den Großen Rat aber schon 1890 ein Grund für eine Debatte über die Bodenseeregulierung!

Blick vom Haus «Bellevue» an der Rebenstraße in Arbon nach Südosten im Hochwasserjahr 1890. Links die Steinacher Bucht und vor den Häusern ganz links der Bahndamm. Von der eben noch sichtbaren Barriere führt die St. Gallerstraße nach rechts quer durchs Bild. Noch fehlen also die Großbauten der Stickereiwerke A. B. Heine und der Firma Saurer. Der Bahnhof steht am äußersten Ostrand der Gemeinde.

Rechts: Zwanzig Jahre später – 1910 – wieder ein schweres Hochwasser! Wir sind hier in Horn, der thurgauischen Exklave zwischen Arbon und Rorschach. Der Besitzer des Albums, aus dem diese Aufnahme stammt, hat seinerzeit in schmucker Schrift dazu notiert: «Die Laterne im Vordergrund steht auf dem Landungssteg, der ‹Stelli›, die ganz unter Wasser ist. Bei der ‹Traube› wird eine Schiffsladung Bruchsteine versenkt, zum Schutze des Ufers, das dort vom See durch starken Wellenschlag angefressen war.»

Im schlimmen Regenjahr 1910 führten Thur und Murg viermal Hochwasser. Bei der ersten Überschwemmung, am 15. Juni, wurde die Thurbrücke von Amlikon weggerissen. Ein Augenzeuge berichtete mir, es sei eine große «Albere» (Schwarzpappel) quer dahergetrieben und an die Holzwand der Brücke gedrückt worden. Dann sei immer mehr Schwemmgut hängengeblieben, bis sich die Brücke unter Ächzen und Krachen langsam umgelegt habe. Die Trümmer seien teilweise bis zur Eschikofer Brücke geschwemmt worden.

Rechts: Wenn man in diese gurgelnden Fluten schaut, wird man unwillkürlich an die Sage vom Bau dieser Brücke – der Thurbrücke von Bischofszell – erinnert. (Sie soll von einer Frau von Hohenzorn gestiftet worden sein, nachdem ihre beiden Söhne an dieser Stelle ertrunken waren.) Die Photo stammt ebenfalls von 1910 und ist mit dem 16. Juni datiert. Und es regnet noch immer! Der Verfasser der Thurgauer Chronik in den Jahresheften des Historischen Vereins schreibt über das Jahr 1910: «Das Beste daran ist, daß es vorüber ist!»

Nochmals Thurhochwasser 1910, diesmal bei Weinfelden: Links erkennt man das ehemalige Zollhaus, das durch die Wassermassen auf eine Insel verbannt worden ist, rechts, zum Teil hinter Buschwerk versteckt, die 1789 erbaute gedeckte Holzbrücke, die ein Jahr, nachdem sie diesem schweren Hochwasser standgehalten hatte, abgerissen wurde. Die jetzige Brücke steht etwas weiter unten.

Umzüge und Anzüge

Umzüge und Anzüge! Hutmode von 1930 im Vordergrund, prachtvolle schirmbewehrte Ehrendamen in aufregend kurzen Röcken und ein stolzer Fähnrich am Bezirkssängerfest in Eschlikon.

Links: Gleich in Sechzehnerkolonne marschieren die etwa zweihundertachtzig Kadetten der Kantonsschule Frauenfeld durch die Zürcher Straße und biegen gleich beim «Scharfen Eck» in die Rheinstraße ein (1908). Der Ausmarsch fand jeweils «zum Abschluß der Übungen» im September statt. Zum Kadettenfest gehörten eine Gefechtsübung, meist gegen das Korps einer andern Kantonsschule geführt, und eine Salzisse!

Artilleristen manipulieren an einer 12 cm Positionskanone von 1882 auf dem Mätteli in Frauenfeld. Im Hintergrund die Schmirgel- und Schleifindustrie AG. Die Uniform des Offiziers verrät, daß die Aufnahme nach dem ersten Weltkrieg gemacht worden ist.

Links: Artillerieoffiziere im Schnee vor der Kaserne Frauenfeld (um 1880). Sie tragen teilweise Sturmkappen. Der Offizier, der den liegenden Kameraden «betreut», ist der Frauenfelder Arzt Dr. Alfred Debrunner-Albrecht.

Eine Kavallerieabteilung biegt von der Promenade in Frauenfeld in die St. Gallerstraße ein. Der starke «Gegenverkehr» – eine störrische Kuh und ein Postbote mit Karren – scheinen den Herrn Kommandanten nicht zu irritieren! Hoffentlich kommt nicht grad auch noch das Wilerbähnli!

Links: Das Haus Hauptstraße 1 in Kreuzlingen, welches von 1896 an als schweizerisches Zollgebäude diente. Man erkennt links deutsche und rechts schweizerische Grenzwächter. Das Haus war vorher von einer Familie Schmid bewohnt, deren dreizehn Kinder jeweils mit dem Kopf in Deutschland und mit den Füßen in der Schweiz geboren worden sein sollen, da die Landesgrenze just durchs Ehebett gegangen sei, wird erzählt.

Aus diesem Bild wird man auch bei längerem Hinsehen und nach Befragung von Fachleuten nicht klug. Diese versichern, es könne sich nicht um eine einsatztüchtige Formation handeln; das Ganze ist also eher ein Scherz; das kommt auch auf einzelnen Gesichtern – trotz Schnäuzen – zum Ausdruck. Die Überschrift sei also: Angehörige der Feuerwehr Weinfelden auf einer vergnüglichen Ausfahrt.

Links: Photograph Carl Walder hat anfangs des Jahrhunderts diese feierabendlich angezogenen Herren am Stammtisch der Demokraten in der «Blume» (heute Hotel «Touring») in Frauenfeld geblitzt. Bis auf den stehenden Herrn mit dem Bierglas können sie alle benannt werden. Von links nach rechts: Pfarrer Egloff, Gachnang (mit der «Neuen Zürcher Zeitung»), Sekundarlehrer Thalmann, die Lehrer Bollmann und Oswald, Regierungsrat Hofmann (mit dem «Thurgauer Tagblatt»), Sekundarlehrer Schweizer, Pfarrer Schweizer und Lehrer Müller.

Am 25. Januar 1904 veranstaltete die kulturelle Vereinigung «Literaria» (gegründet 1850 von Dekan Johann Adam Pupikofer) in Bischofszell eine Schlittenpartie «an die Gestade des Bodensees» nach Altnau. Man besammelte sich auf dem Grubplatz (unser Bild), und unter fröhlichen Kornettklängen ging's durch das Städtchen, angeführt vom Initianten der Fahrt, Major Laager.

Links: Umzug an der Groppenfasnacht in Ermatingen, um 1910. Die Ermatinger feiern ihre Fasnacht später, am Sonntag Lätare, was auf ein Privileg des sich vom Konstanzer Konzil flüchtenden Papstes Johannes (XXIII.) zurückgehen soll. Trotz der etwas wackligen historischen Unterlage brauchte und braucht man sich nicht über mangelndes Interesse an diesem Anlaß zu beklagen. Das Schild am Eckhaus (1956 abgebrochen) weist den Weg zu «Hotel und Pension Schloß Wolfsberg».

Seiltänzertruppe auf dem Marktplatz in Weinfelden. Wechseln die beiden wohl nur die Stangen aus, drehen sie sich um, oder steigen sie gar übereinander hinweg?

Links: Eine Staader Taufgesellschaft auf dem Rückweg von der Kirche im Dorf Ermatingen. Voraus, mit resolutem Schritt, die Hebamme, den Täufling auf den Armen, und die diversen Mütter, Schwiegermütter und Paten, zuhinterst dann die zylinderbewehrten Männer. Dieser Aufzug machte derartigen Eindruck auf den jungen Lehrer Steiger, der 1905 nach Ermatingen gewählt worden war, daß er ihn «auf die Platte bannte».

Hochzeitsauto, um 1930. Der Bedarf an «Hochziitzältli» mag damals noch größer gewesen sein als im «Glacézeitalter», und auf der Straße war es auch längst nicht so gefährlich. Aber der Chauffeur macht trotzdem ein bedenkliches Gesicht!

Eine Züglete in Weinfelden mit einem vollgummibereiften Lastwagen vom Anfang des Jahrhunderts. Ob die Polizei heute eine derartige Fuhre passieren ließe?

Handwerk und Industrie

Der Bau des Restaurants «Kolosseum» in Egelshofen (Kreuzlingen) 1898 durch das Baugeschäft Spagolla. Bemerkenswert ist die große Zahl der Arbeiter. Das Baumaterial wurde damals ausschließlich auf dem Rücken die Rampe hinaufgetragen. Ein Baumeister erinnert sich, daß an einem andern Neubau jener Jahre ein Lehrling aus Scherzingen beteiligt war, der jeden Morgen eine Stunde weit zum Bauplatz marschierte, dann trug er zehn Stunden lang Steine aufs Gerüst. Und wenn er einmal den Rücken streckte und verschnaufte, soll ihm der Konstanzer Polier zugerufen haben: «Du faule S..., gucksch scho wider umenand!» – Überhaupt: Man höre alten Leuten zu, wenn sie erzählen, wie früher gearbeitet wurde! Dann beginnt man vielleicht doch wieder über die Vorteile der heutigen Wohlstandsgesellschaft nachzudenken!

Links: Der Besenbinder Manz in Gerlikon, aufgenommen vom Photographen Hausamann, der dort öfters bei Huggenberger zu Gast war.

Links: Die Klöpplerin Frau Merkle-Schiegg in Ermatingen. Das Klöppeln wurde von gemeinnütziger Seite her stark gefördert und auch im Thurgau in mehreren Gemeinden als zusätzliche Verdienstmöglichkeit für das weibliche Geschlecht eingeführt. Frau Merkle scheint aber in gehobenen Verhältnissen gelebt und die Klöppelei eher aus Neigung betrieben zu haben.

Kohlenmeiler oberhalb Ermatingens während des ersten Weltkrieges, als man wegen der Kohlenknappheit auch mit Holzkohle heizte. Gemeindeammann Müller (mit Strohhut) und weitere Interessierte verfolgen das Werk. Am Meiler der Gründer der Kohlen- und Heizölhandlung Ammann in Ermatingen.

Der alte Waschplatz in Arbon, um 1925. Ein Bild, das die Mühseligkeit dieser Arbeit fast vergessen läßt. Die mit Kernseife bearbeiteten und mühsam hin und her geschwenkten Stücke wurden auf einer großen Wiese zum Trocknen und Bleichen ausgebreitet. Mit dem Aufkommen der Waschmaschinen nahm die Betriebsamkeit auf dem Waschplatz ab.

Die Ermatinger Gangfischsegi-Genossenschaft, aufgenommen im Jahre 1894. Die Jagd auf die in den Laich ziehenden Gangfischschwärme war einst eine große und feierliche Sache, der achtzehn Fischer mit einem dreihundert Meter langen Garn, mit dem großen «Segner» (rechts), dem «Streckschiff» und dem «Käuferschiff» (links) oblagen. Es durfte nicht geflucht werden, und das will am Untersee etwas heißen. Die «Segi» fuhr bis 1958. Um die zahlreichen urtümlichen Fangmethoden und Bräuche der Fischer am Bodensee nicht in Vergangenheit geraten zu lassen, soll in Ermatingen das «Bodensee-Fischereimuseum» errichtet werden.

Maschinelle Torfgewinnung bei Eschlikon (1918). Im Riedgebiet zwischen Eschlikon und Wallenwil wurde in den Kriegsjahren die längst üblich gewesene Torfgewinnung intensiviert und mechanisiert. Der Torf mußte damals weitgehend die Kohle ersetzen. Die abgebildete Maschine hob mit einem Schneckengewinde die eingeschaufelten Torfbrocken hoch und zerhackte und preßte sie in lange, kantige Würste. Die «Schläger» zerteilten diese in etwa vierzig Zentimeter lange Stücke. Nach dem Trocknen auf freiem Feld (im Hintergrund sichtbar) wurden die Torfbriketts in Rollwagen zum Bahnhof Eschlikon gefahren und in die Güterwagen gekippt.

Brauerei und Wirtschaft «Zum Schloß» in Bischofszell. Wie die meisten derartigen Bauten hat auch die Bischofszeller Burg eine bewegte Geschichte gehabt. 1798 trat das Land Baden (als Nachfolgerin der Bischöfe von Konstanz) sie an den Kanton Thurgau ab, der sie 1811 weiterverkaufte. In der Folge wurde im Hauptgebäude bis 1906 Bier gebraut und auch ausgeschenkt (im ersten Stock). Wir sehen, wie die schönen Holzfäßchen gereinigt werden. In der Mitte wird heißes Wasser gemacht. Ein Wagen mit Fäßchen steht zur Abfahrt bereit.

Ein Martini-Personenauto auf dem Fabrikareal vor dem Schloß Frauenfeld. Die Firma Martini stellte Buchbindereimaschinen, gepreßte Eisenwaren, Hinterladergewehre und Handstickmaschinen her, bevor sie sich 1897 dem Automobilbau zuwandte. 1888 hatte man ihr den Bau der Benz-Wagen angetragen; sie lehnte ab! Nach verschiedenen Handänderungen und der Verselbständigung der anderen Betriebszweige wurde die Autofabrikation nach Saint-Blaise verlegt.

Ein Dreitonnenlastwagen von Saurer mit Benzinmotor, Kettenantrieb und hydraulischem Seitenkipper, Baujahr 1913. Bei Saurer wurde unter persönlicher Mitwirkung von Dr. Rudolf Diesel bis 1908 der erste schnellaufende Fahrzeugdieselmotor der Welt gebaut, den dann vor allem Hippolyt Saurer weiterentwickelte. Die Serienproduktion lief 1928 an.

Blick in die Dreherei bei Saurer, noch im Zeitalter der Transmissionsriemen. Die Firma Saurer war bahnbrechend im Bau von Schifflistickmaschinen (ab 1878), Petrolmotoren (ab 1888), Personenwagen (ab 1898), Lastwagen (ab 1902) usw. Durch den raschen Aufschwung der Firmen Saurer und Heine (vergleiche Bilder Seite 120 und Seite 121) verdoppelte sich die Einwohnerzahl Arbons zwischen 1900 und 1910 und überschritt damals bereits die Zehntausendergrenze.

Links: Die Stickerei war der goldene Boden der Ostschweizer Industrie in der zweiten Hälfte des 19. Jahrhunderts. Um 1900 gab es im Thurgau fast viertausend in der Heimstickerei Beschäftigte, und die Stickereifabriken hatten dreitausendsechshundert Arbeitskräfte. Nach mehreren schlechten Jahren erholte sich die Stickerei seit 1899 kurzfristig wieder derart, daß 1904 bei A. B. Heine in Arbon hundert Saurer-Schifflistickmaschinen montiert wurden. Wenige Jahre darauf folgte aber der Zusammenbruch der Stickereiindustrie.

Um 1900 beschäftigte die Firma Heine in Arbon 2150 Arbeiter. Die starken Konjunkturschwankungen brachten soziale Unruhe und etliche Streiks. 1908 kündigte Heine 1200 Arbeitern auf vierzehn Tage; dies wurde auch auf bürgerlicher Seite als Affront empfunden. Teilstreik, Aussperrung, Solidaritätsstreik waren die Folgen, bis nach einem halben Jahr die Regierung vermitteln konnte. Im Thurgau arbeiteten 1911 noch 1200 Jugendliche von vierzehn bis sechzehn Jahren in den Stickereien.

Die Wollfärberei von Dr. Jakob Cunz in Bürglen, 1899 gegründet (Ausschnitt). Die Wollstrangen wurden in großen Holzbottichen gewaschen und je nach Bedarf gebleicht und dekatiert. Dann wurden sie bei schönem Wetter im Freien oder sonst in gut durchlüfteten Räumen an Bambusstangen zum Trocknen aufgehängt.

Die 1897 in einem neuen Gebäude der Unteren Mühle in Bottighofen aufgebaute Dampfmaschine von 70 PS Leistung. 1904 hatten im Thurgau 168 Mitglieder des Schweizerischen Vereins von Dampfkesselbesitzern insgesamt 225 Dampfkraftanlagen in Betrieb. Wie schade, daß von den prächtigen Maschinen nichts mehr vorhanden ist!

Die Ziegelei Noppel in Emmishofen (Kreuzlingen) mit ihrer Belegschaft, ein Unternehmen, das – offenbar wegen ungenügender Qualität des Lehms – nie recht florierte. Während des ersten Weltkriegs wurden dort Munitionsteile hergestellt. Die Anlage brannte am 26. September 1917 ab, und heute erinnert nur noch der «Ziegeleiweiher» südwestlich des Bahnhofs daran.

Nein, das ist kein Schulzimmer! Die Stempel, der Kassenschrank und die erwachsenen Beschäftigten verraten es: Wir sind in einer Bank. Es ist das Büro der Kantonalbankfiliale Bischofszell vor Einführung der elektrischen Beleuchtung. Die Angestellten arbeiteten früher meistens stehend. Der Herr links mit dem freundlich-prüfenden Blick ist der Vater von Denkmalpfleger Dr. Albert Knoepfli in Aadorf und von Bankverwalter Ernst Knoepfli in Bischofszell.

Dampf und Benzin

Die «Hohenklingen» und die «Neptun» an der alten Stedi in Ermatingen, die 1911 der jetzigen, steinernen Platz machen mußte. Das voll besetzte «Neptünli» wird gleich am Backbord der leeren «Hohenklingen» anlegen, um Passagiere nach Schaffhausen auszuladen. Solche Schiffswechsel gibt es heute kaum mehr.
Die «Neptun» ist die wiedererstandene «Rheinfall», die am 20. Dezember 1869 – vier Jahre nach Inbetriebnahme – an der Landestelle Berlingen nach einer Dampfkesselexplosion gesunken war. Sie blieb bis 1939 in Betrieb. Die 1870 erbaute «Hohenklingen» war schon zwei Jahre später an Württemberg verkauft worden und dampfte bis 1902 als «Mömpelgard» auf dem See umher; dann wurde sie zurückgekauft, zurückgetauft und tat ihren Dienst bis 1957. Die Schweizerische Dampfbootgesellschaft für den Untersee und Rhein besaß noch zwei weitere Dampfschiffe, die «Arenaberg» (vergleiche Bild Seite 143) und die «Schaffhausen», die 1967 abgewrackt wurde.

Reger Schiffsverkehr im Hafen Romanshorn. Vier Dampfschiffe und zwei Motortrajektkähne füllen das Hafenbecken aus. Die Holzbeige vorne links läßt darauf schließen, daß das Bild während des ersten Weltkrieges gemacht wurde, als die Kohle knapp war. «Das einst einsame und kleine Bauern- und Fischerdörfchen hat sich seit der Eröffnung der Bahnlinie Zürich–Romanshorn 1855 vollkommen umgewandelt und ist zu einer stets noch sich vergrößernden, stattlichen Ortschaft herangewachsen. Gut geschützter und großer Hafen (vom Staat Thurgau 1840 erbaut), große Lagerhäuser, ausgezeichnete Verbindung durch Dampfschiffe und Dampffähren mit Friedrichshafen und Lindau. Bedeutendste Schiffswerft des ganzen Bodenseeufers, die ... in den Stand gesetzt ist, auch die größten Dampfboote zu reparieren. Romanshorn ist der größte schweizerische Lagerplatz für Getreide, Holz und Bretter» («Geographisches Lexikon der Schweiz», Band IV 1906, Seite 225f.).

Die 1869 in Dienst gestellte erste Dampffähre im Hafen von Romanshorn wurde von Escher-Wyß, Zürich, in der Friedrichshafener Werft gebaut. In die Kosten teilten sich die Nordostbahn und die Württembergischen Staatsbahnen. Im Jahre 1871 beförderte sie annähernd fünfzehntausend Eisenbahnwagen. Ihrer hohen Betriebskosten wegen wurde die sonst namenlose Fähre «Kohlenfresser» genannt und bereits 1883 aus dem Dienst genommen. Die andere Dampffähre lief von 1874 bis 1916.

Links: Man würde eher an das Herrenhaus eines ostpreußischen Junkergutes denken als an einen Bahnhof, sähe man nicht die netten Wägelchen zwischen den Gebäuden. Es ist der Bahnhof Frauenfeld um 1870. Der von der Nordostbahngesellschaft mit den Bahnhofbauten beauftragte Architekt, Johann Georg Müller, überlegte sich an jedem Ort, welcher Baustil die Art der Beschäftigung der ansässigen Bevölkerung am besten repräsentiere. Und siehe da: Frauenfeld erhielt einen richtig aristokratischen Bahnhof!

Zug der Seelinie Rorschach–Romanshorn–Konstanz–Etzwilen auf dem Bahnhof Romanshorn, um 1900. Um den Bau dieser Strecke war in den sechziger Jahren ein heißer Kampf entbrannt, weil eine Gruppe unter dem einflußreichen Eduard Häberlin die Linienführung über Amriswil propagierte.

Links: Dampfzug der einzigen Schmalspurbahn im Thurgau, der Frauenfeld-Wil-Bahn, auf der Station Wängi. Die Bahn wurde 1887 in Betrieb gesetzt und 1921 elektrifiziert.

«Großer Bahnhof» am Bahnhof Amriswil, um 1910. Man tat schon damals alles für die Fremden: Nicht weniger als neun Angestellte von Bahn und Post stehen zum Empfang des Zuges aus Richtung Zürich bereit!
Die Thurtallinie war bis 1907 durchgehend auf Doppelspur umgestellt. Trotzdem hieß es schon damals, sie werde von den Bundesbahnen bewußt «degradiert». Der Frauenfelder Verkehrsverein sei hauptsächlich gegründet worden, um dieser Tendenz entgegenzutreten.

Baubrücke der Mittelthurgaubahn über die Bundesbahnlinie zwischen Kreuzlingen und Tägerwilen (1910). Schon 1890 hatten die Bemühungen um den Bau einer Nord–Süd-Verbindung Konstanz–Wil begonnen, waren aber lange nicht recht vorangekommen. Erst 1906/07 begann das Projekt Gestalt anzunehmen, doch spottete man noch lange über die «mittellose Thurgaubahn».

Von der Eisenbahn-Euphorie jener Jahre zeugt ein Gutachten, das im Auftrag der thurgauischen Regierung ausgearbeitet und 1899 veröffentlicht wurde. Es empfahl den Bau von insgesamt elf Normal- und Schmalspurstrecken, darunter Frauenfeld–Dießenhofen, Münchwilen–Fischingen, Weinfelden–Ermatingen und Frauenfeld–Steckborn. Diese letztere Verbindung sollte fünf größere eiserne Fachwerkbrücken und zwei Kehrtunnels erhalten. Stationen waren in Pfyn, Dettighofen und Hörhausen vorgesehen. Von diesen Vorschlägen wurden nur die Bodensee-Toggenburg-Bahn (1910) und die Mittelthurgaubahn (1911) verwirklicht.

Die Einweihung der Mittelthurgaubahn erfolgte am 18. Dezember 1911. Da die Lokomotivfabrik Winterthur die vier Heißdampf-Tenderlokomotiven erst im Juli 1912 liefern konnte, mußte der Festzug (mit sieben von den acht Personenwagen der Gesellschaft) von gemieteten Lokomotiven gezogen werden!

Der Bahnhof Bußnang kurz nach der Einweihung der Mittelthurgaubahn. Im Hintergrund der große Viadukt. Die Gestaltung der Stationsgebäude geschah nach Vorschlägen der neugegründeten Thurgauer Heimatschutzvereinigung. (Handelt es sich bei den beiden Mistfuhrwerken um eine Belastungsprobe für die neue Straßenbrücke?)

Rechts: Eins, zwei, drei im Sauseschritt eilt die Zeit ... und der Bahnhof Weinfelden scheint mitsausen zu wollen! Der «Effekt» ist auf das Zerfließen der chemischen Schicht der Photoplatte zurückzuführen.
Die Schnellzugslokomotive gehört zu dem bei der Nordostbahn und andern Gesellschaften, auch den 1902 gegründeten Bundesbahnen, sehr beliebten Typ, von dem zwischen 1886 und 1916 dreihundertvierzehn Stück gebaut wurden.

Links: Vier Postkutschen stehen an diesem Morgen des Jahres 1907 vor dem neuen Postgebäude in Frauenfeld bereit. Zwischen 1916 und 1927 wurden die thurgauischen Pferdeposten durch Postautos ersetzt.

Seit 1904 gibt es im Thurgau Postautokurse. Sie waren erst privat und gingen wegen Betriebsstörungen und mangelnder Rentabilität bald wieder ein. Auf unserem Bild ist wahrscheinlich ein vor 1910 im Hinterthurgau eingesetzter Wagen zu sehen.

Links: An den ersten Flug des Zeppelins (LZ 4) über Schweizer Boden am 1. Juli 1908 erinnern sich noch viele Leute. Die Photo wurde vom Direktor der Leim- und Düngerfabrik Märstetten, Heinrich Gimpert-Hugentobler, von seinem Hause aus aufgenommen. Von Gimpert existieren viele Stereoskopbilder, die man in einem Apparat beschauen kann.

Der St. Galler Flugpionier Henri Kunkler-Maestrani läßt sich auf der Frauenfelder Allmend mit seiner Gattin und dem Hund photographieren. Das war kurz vor dem ersten Weltkrieg. Er flog erst einen selbstgebauten Eindecker, seit 1913 den abgebildeten Farman-Doppeldecker. Da die Schweizer Armee damals keine verheirateten Piloten einstellte, ging der enttäuschte Kunkler während des Krieges als Fluglehrer nach Deutschland.

Links: Autozusammenstoß auf der Bahnhofstraße in Weinfelden, mit relativ harmlosem Ausgang. Der Fahrer des kleinen Lieferwagens muß sich recht forsch aus der Seitenstraße herausgewagt haben!

Ein weitaus spektakulärerer Unfall ereignete sich am 5. Juni 1911 an der Rheinbrücke von Dießenhofen. Die talwärts fahrende «Arenaberg» hatte direkt oberhalb der Brücke die «Neptun» gekreuzt, erwischte deshalb nicht mehr die richtige Brückenöffnung, stieß an und legte sich längsseitig an die Pfeiler. Was für Schreckensminuten vor allem für die Damen, die die Leitern hochzuklettern gezwungen waren!

Bei diesem Bild aus dem Archiv der Firma Saurer steht: «50 PS Saurer Benzinwagen 1911 vor der Abfahrt nach Paris.» Er ist anscheinend mit Angehörigen der Familie Saurer besetzt, die sich vielleicht an dem seit 1902 durchgeführten Wettfahren Paris–Wien beteiligen wollen. Von der ersten Wettfahrt, die zwischen Aadorf und Wil über Thurgauer Boden führte, heißt es in der Chronik, es hätten hundertfünf Autos «meist in rasendem Lauf, doch ohne Unfall» passiert.

1919 entwickelte Saurer dieses Spezialgefährt mit hydraulisch betriebener Montageplattform, das wir hier im Dienst der technischen Werke der Stadt Arbon sehen.

Mit dieser Aufnahme einer Autoausstellung auf dem Marktplatz in Weinfelden anfangs der zwanziger Jahre soll der Reigen alter Photos abgeschlossen und zugleich das Zeitalter des Autos eindrücklich heraufbeschworen werden. Ein letzter Hinweis: Die Höchstgeschwindigkeit auf thurgauischen Landstraßen betrug damals dreißig und innerorts achtzehn Kilometer in der Stunde!

Verzeichnis der wichtigsten Photoarchive und Photographen

Thurgauische Denkmalpflege, Frauenfeld: Großes Photoarchiv, nach Bezirken und Ortschaften geordnet.
Material (Abzüge) aus andern Archiven: Sammlung Zinggeler (aus dem Archiv der Eidgenössischen Denkmalpflege, Bern) und teilweise Sammlung Wehrli, Kilchberg.

Thurgauisches Staatsarchiv, Frauenfeld: Photos zu einzelnen Themen, vor allem Überschwemmungen.

Thurgauische Kantonsbibliothek, Frauenfeld: Kleine Photosammlung, unter L (Thurgoviana).

Thurgauisches Historisches Museum, Frauenfeld: Einzelne Photos.

Thurgauische Kunstsammlung, Frauenfeld: Photos von Adolf Dietrich.

Ortsmuseum Arbon: Reiche Photodokumentation über Arbon und Umgebung.

Ortsmuseum Bischofszell: Reiche Photodokumentation über Bischofszell und Umgebung.

Heimatmuseum Kreuzlingen: Reiche Photodokumentation über Kreuzlingen und Umgebung.

Bürgerarchiv Weinfelden: Reiche Photodokumentation über Weinfelden und Umgebung.

Photoarchiv der Firma Saurer, Arbon: Außerordentlich reichhaltige und gut geordnete Dokumentation, vor allem über die Produkte der Firma, von den Anfängen an.

Bodensee-Fischereimuseum Ermatingen (im Aufbau): Reiche Photodokumentation über die Fischerei im Bodensee- und Hochrheingebiet.

Stadtarchiv Konstanz: Den Hauptbestandteil des Bildarchivs stellt die umfangreiche und bedeutende Sammlung German Wolf dar.

Stadtarchiv Schaffhausen: Es besitzt das Archiv der Schweizerischen Schiffahrtsgesellschaft Untersee und Rhein.

Stadtbibliothek Winterthur: Kleinere Sammlung von Thurgoviana (Photos und andere Abbildungen).

Schweizerische Landesbibliothek, Bern: Sie besitzt die große Photosammlung Guggenheim, Zürich, und eine Postkartensammlung.

Archiv der eidgenössischen Denkmalpflege, Bern: Vor allem die Sammlung Zinggeler.

Zentralbibliothek Zürich: Photosammlung Künzli und Postkartensammlung.

J. Bär, Frauenfeld: Großes, aber unerschlossenes Bildarchiv im Besitze von Photograph Winiger.

H. Baumgartner, Steckborn: Hans Baumgartners photographische Tätigkeit beginnt anfangs der dreissiger Jahre, ist also in diesem Buch nicht berücksichtigt.

M. Burkhart, Arbon: Bruchteile seines bedeutenden Werkes sind im Besitz der thurgauischen Denkmalpflege, das Weitere ist zerstreut.

K. Enz, Weinfelden: Das meiste ist im Besitz von Frau A. Keller in Weinfelden.

H. Groß, St. Gallen: Großes Archiv, vor allem Gesamt- und Luftaufnahmen thurgauischer Ortschaften.

H. Hausamann, Heiden: Die etwa zweihundert zum Teil hervorragende Aufnahmen umfassende, vom Thurgauer Heimatschutz 1910 in Auftrag gegebene Photodokumentation ist im Besitz der thurgauischen Denkmalpflege.

C. Koch, Schaffhausen: Umfangreiches, sehr schönes Material, vor allem von Untersee und Rhein, im Besitze von Photograph Wessendorf.

G. Walder, Frauenfeld: Die große Plattensammlung ist im Besitz der thurgauischen Denkmalpflege.